花風
Kafu

ゆめこせんせいの
別冊保育ノート

文芸社

ゆめこせんせいの別冊保育ノート

目次

春

夏

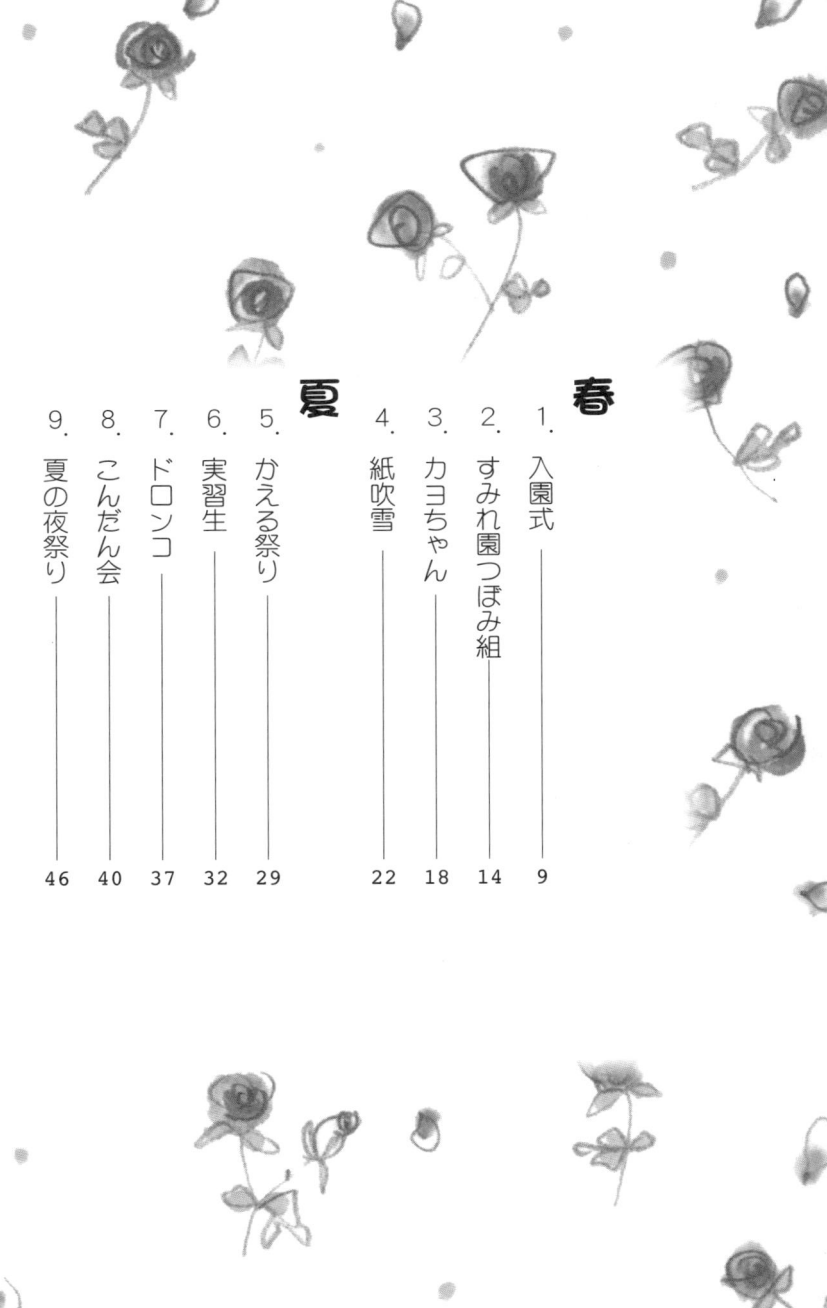

秋

冬

春

１．入園式

園庭の満開の桜や、色とりどりに咲き並んだチューリップ達が今年もまた、社会生活の第一歩をふみ出す幼い子ども達の門出を祝福してくれている。

今日はすみれ園の入園式。

少し大き目の真新しい制服と帽子、そしておろしたてのズック靴という装いで小さな子ども達が、父や母に手を引かれながら、少々後ずさり気味に門をくぐってやってきた。

不安いっぱい、うれしさ半分といった胸の内がその表情から見てとれる。

式次第と手紙類の入ったＡ４サイズの封筒と一緒に、クラス分け名簿を手渡す。

受付の先生達は手渡す役と、しゃがんで子ども達の胸に、クラスカラーの名札をつける係に分かれ、一人ひとりに「おめでとう!!」と明るくやさしい声で門出を祝う。

近年は、父親の参加もめずらしくなく、増加の一途をたどっているように見受けられる。

今年度ゆめこせんせいは二年保育の年中、三十名〝つぼみ組〟の担任になった。クラスカラーは〝うす桃いろ〟。

年中組は、三年保育で入園し、進級したわかば組と、初めて入園したつぼみ組の二クラスがある。

ゆめこせんせいは保育経験だけはやたら長く、二十数年になる。

この仕事のうれしいことのひとつは、毎年一年単位でスタートからゴールがあり、その都度、リセットしながら、また新しく気持ちも入れ替えスタートが切れることだと思っている。それと、今まで知り得なかった幼な子達や今となっては、自分よりうーんと若いお母さん達との出会いが楽しみだ。毎年同じようなくり返しに見えても全て違う。

その、ワクワク感、ドキドキ感が彼女の元気の源かもしれない。

遊戯室での入園式が終ると、つぼみ組の子ども達と保護者を誘導しながら、クラスに戻った。

半円形に並べた園児椅子に大人が座り、ひざの上に我が子をのせてもらう。

明日からの園生活の概要を話し再度自己紹介、「私の名前は森山ゆめこです。年齢はホニャララ、経験年数……二十数年、でも、やる気と体力は、他の若いお姉さん先生達には、負けません!!わよ」と言うと、どこからかクスッと笑い声が聞こえてきた。

「ゆめこせんせいですか」「夢があっていいですね」と近頃の親達は反応が早い。

「それでは、子ども達と、お父さん、お母さんもご一緒に呼んでみて!!　せ〜の」

「ゆ・め・こ・せ・ん・せ・い」

「は～い」と満面の笑みで、両手を振り、自分のクラスの親子とゆめこせんせいの送受信はうまくいった。

「帰るまでに自分の目印シールと、名前の書いてあるロッカーとタオルかけ、靴入れの場所を親子で見て帰ってね。

明日からは子どもだけでつぼみ組に入ってもいいし、不安な方は、一週間の期間限定で朝の身仕度の間、親子で一緒に入っていただいてもけっこうですよ」と言うと、ホッとした表情をうかべる母親達。

「でも子どもだけで大丈夫!! という方は、門の所でバイバイしてね」とつけ加えた。

保護者向けの型通りの説明のあとは、『♪チューリップ♪』を歌って、端に座った親子から順に「これからよろしく!!」の気持ちを込めた固い握手をして、送り出した。

放送室からは春のうたがメドレーで流れてきている。園庭に出た親子は、桜の木の下や「入園式」の立て看板の横でカメラやビデオに納まって、帰っていった。

2. すみれ園つぼみ組

朝、お母さんと離れる時に、五日連続で泣き叫んでいたあやちゃん
保育室に入った途端、固まって動かなかったジロクン
着がえをするのにびっくりするほど時間のかかったさきちゃんも少しずつ朝の身仕度から出欠確認までの流れを理解し、通園カバンの中から出席ノートを手にして、とりあえずは椅子に座って待っていられるようになってきた。
カバンや制服、体操服などは全ておそろいなので、集団の中で自分のものと人のものをまちがわずに出し入れすることは至難のワザに思われる。
部屋の環境に慣れるまでは〝各自のロッカーを自分のうしろ〟と決めておくだ

けでひとつ〝安心〟を手にすることができる。

まちがって友達のロッカー前に座れば、事は重大。大変なことになってしまうが、目印シールの横に書く名前もビニールテープでカラー分けし、「ピンクのパンダ」とか「きいろのでんしゃ」「あおのバナナ」などできる限り、四才の子ども達が理解でき、すぐ見つけられるようにしてある。

昔のような大家族の中で育ってきている子はほとんどなく、両親をはじめ家族も三人からせいぜい五人という子がほとんどだ。

それでいきなり、同年齢三十人という集団の中に放り込まれるのだから、受け入れる側の園も担任も、何かと準備や配慮がいることは言うまでもない。

初めて二年保育の年少組を担任した時には三十人の子ども達に自分の方が振り回されてしまって、何かと後手後手にまわることが多かったが過去の失敗を生かすことを学習し、今年度はその反省をもとにつぼみ組のすべり出しは、まずまずという風に思えた。

集団の中で育つ子ども達の成長を見守りながら、四才児なりに自分で考え行動できるような子になってほしいと願いつつ、一年後、年長になる時には、みんなどんな風になっているかなぁなど考えるだけで楽しい。

すみれ園はその名の通り自然が多く、年長クラスの園舎のうしろにはこの季節、つくしやたんぽぽ、れんげといった野の草花が顔を出し、子ども達に春の訪れを知らせてくれる。

鉢植えの花と対抗するかのように、園庭の端っこでは、クローバーの花も咲きほこっていた。

桜の花が見事に散り終え新芽が出てくると、次は美しい黄緑色の毛虫の大群にご用心となる。刺されると赤くはれあがり、痒みも相当なので、子ども達には桜の木の回りに半径二メートルくらいの円をかいて、その中には絶対入らないよう注意を促す。

以前一度だけゆめこせんせいもその被害にあい、泣くに泣けない思いをした経験があるので、この時期の桜の木の回りには細心の注意を払い、一匹でも見つかった時には、すぐに消毒を依頼するようになっている。

3. カヨちゃん

「先生、ちょっとお話が……」

子ども達を見送って、保育室に戻ってくると、カヨちゃんのおばあちゃんが声をかけてこられた。

「お時間はいいですか？」

「いいですよ、どうぞお入り下さい。あれっ、カヨちゃんは？」

と聞くと、

「先にジイちゃんが連れて帰りました」

「お話って何でしょう？」と、言いながら小さな椅子に二人して腰かけた。

「実は、カヨの母親が入院してまして……」

「お母さん、確か妊娠されてましたよね。二月の入園説明会の時にお見かけしたの覚えてますよ。早産の疑いとか、流産防止のための入院は、よくありますよね」

と、妊娠中の入院について思い浮かんだことを言ったのだが、話はそうではなかった。

カヨちゃんの母親は、自分の一人息子の嫁で、地方から大阪に働きに出て息子さんと知りあい結婚。おばあちゃんの家のほんの近くに、カヨちゃん達親子三人で暮らしていた。

二人目の子を身ごもり、お母さんはカヨちゃんの入園を心待ちにしながら、体操服などの着がえ袋やコップ袋などを手作りし、お腹の子とカヨちゃんの成長を楽しみに、三人で入園の日を待っていたらしい。

なのに、入園の一ヵ月前に風邪の菌が脳に入り、それが原因で意識不明となり、現在もまだ大学病院の集中治療室に入院中というのだ。

胎児のことを考えて薬を飲むことをひかえ、一人つらい思いをしながら近くの病院に行ったが、容態を見て少し大きな所へ回され検査。〝妊婦〟ということもあり、三ヵ所の病院を転々とするうち、病魔が脳にまで達してしまった……という内容を、時折涙ぐみながら、言葉を選びながら、静かにゆっくり話された。

ゆめこせんせいはいつもおっとり笑顔のカヨちゃんと、入園式にはお父さん一人で参加されていた時の様子が同時に頭に浮かび、うつむいたまま、みるみる涙があふれ出した。

なぜカヨちゃんのお母さんが、家族が、そんな目に遭わなければならないのか!! なぜ、普通のあたり前の親子の平和な日々の暮らしを急に奪われなければいけないのか!! 次から次へと怒りをはらんだ悲しみが、ゆめこせんせいから言葉をなくしてしまっていた。

現在、カヨちゃんは、お父さんの実家でおばあちゃん達と一緒に暮らしている。

家の近くにある神社にお参りする人達を相手に、おじいちゃんと二人で土産物や日用雑貨の店をしているというおばあちゃん。店番をしながら、二人でカヨちゃんの面倒を見ているとのことだった。

それで入園式の日のお父さんと、祖父母の送りむかえのことが理解できた。

「私にできることは何かありますか?」とやっと声をしぼり出す。

「カヨは、ゆめこせんせいのこと大好きみたいで、帰る道すがらから、家に帰ってもずっと先生のこと話すんです。近所のお友達とも家ではあまり遊ばず、私のそばにいて、園で歌ったうたや、お遊戯や作ったものなんかをまた家でこさえて〝これせんせいが教えてくれたんよ〟と言いながら、一人遊びをしてるんです。だから今のまま、カヨが楽しく通えるようにしてもらえたら、それでいいんです。お利口にしてたらママ元気になって帰ってくるからね、と話しているからあの子、家でも私達の言うことも父親の言うことも、とってもよく聞きわけて……それが、また、余計に不憫に思えてねぇ〜……」

その日一日は、カヨちゃんのはにかんだ笑顔が頭から離れなかった。

4．紙吹雪

明日、ハサミを使って「切る」体験をするために子ども達は各自のお道具箱のフタの中に、幅三センチ長さ二十センチ程度に切った広告紙を五、六本（枚）ずつ入れ、ロッカーの上の棚に並べて帰っていった。

次の日、椅子に座り、自分のひざの上にフタをのせ、ハサミで細長い紙を四角く切って散らばらないようにしておく。

〝一回切り〟で簡単なので「もっと切りたい!!」という子には追加注文を受け付けたので大量に切った子もいる。

〝ハサミ〟をはじめ、いろんな道具を使う経験は個人差があるので、持ち方、使い方、片付け方など、はじめにきちんと伝えておかなければならない。

出来あがるとハサミを元通り片付け、おもむろに切った紙を床の上に山に盛り、フタも元に戻し、そ〜っと紙の山の前に座らせた。

「今からみんなが切って作ったこの紙が、いろんなものに変身しますよ。先生と一緒にやってみましょう!!」

と言いながら、

「初めてすみれ園に来た時にいっぱい咲いていた桜の花が風が吹いて散りました〜」と、両手で空中に投げあげる。

見事な花吹雪が舞い落ちると同時に、三十人の子ども達がいっせいに歓声をあげると、部屋中に花吹雪と笑顔が広がっていった。
○春の〝花びら〟
○夏は〝プールの水かけっこ〟
○秋には〝赤や黄色に染まった葉っぱ〟

○冬は〝雪〟に見たてて、何度も何度も集めては放りあげ、ゆめこせんせいも一緒に体中〝紙まみれ〟になって楽しんだ。

スイミングスクールに通っているというケンちゃんが床にうつ伏せになり、「クロール！」と言って、手足をバタバタしながら泳ぎ出した。

それを見て、他の子達も床の上をいろんな格好で泳ぐ真似を始める。頭の先から足元まで、体中に紙の〝パン粉〟をまぶしたようになっている。

「ハ～イ、今から、お片付け競争をしますよ」

「男の子は青い印の袋に、女の子はピンク印の袋に入れてね。どちらがたくさん入れられるかな。ヨーイ、ピー！」とホイッスルを吹いて合図をする。

大きな透明の二つのゴミ袋には、五分程度で紙吹雪が見事に拾い集められた。

ここでも子ども達のパワーを見せつけられることになる。

無心で椅子の下にもぐったり、端っこの方にも目をやり、競争という二文字を頭に、集中して楽しみながら片付けが完了した。

「どっちが多いかな？」と皆の前に袋を差し出すと、コツコツと黙々と集めた女の子チームの勝ちとなり、万歳三唱をして喜び、労をねぎらいあった。

　この二つの袋は後日空気を入れ、みんなで自由遊びの時にマジックで絵を描き、リボンやキラキラテープで飾り、ビニール風船にして保育の中で利用することにした。

夏

5．かえる祭り

六月の半ばを過ぎると毎年実習生がやってくる。今年もつぼみ組には大学に入学したばかりの一回生の学生が二週間の予定で配属された。

六月の前半は「虫歯予防デー」をきっかけに、歯みがきの大切さや体に関心を持つ目的に沿った保育活動を展開していたが、後半に向けては〝六月の自然〟に目を向け、図鑑やＯＨＰ機器などを使って、かえるが卵からおたまじゃくし、成長したかえるになる様子を見たり、かえるを題材にしたいくつかの楽しい絵本の読み聞かせと並行して、のり・ハサミ・マジックを使ってかえるのかぶり物を作ることにした。

同じ材料を使っても切り方、目玉の描き方ひとつで三十通りの個性が現われる。出来あがると、実習生と手分けして一人ひとりの子ども達の頭のサイズに合わせてホッチキスで止めて名前を書いて仕上げていく。順に頭にかぶり物をつけた途端、ピョンピョンと跳びはね、〝ゲロケロッ〟と鳴き声をあげるしぐさが本当に可愛らしい四才の子ども達。

〝ゲロロン山のつぼみ池かえるっ子祭り〟とネーミングを決め、三十匹のちびっこがえると実習生のお姉さんがえる、そしてお母さんがえるのゆめこせんせいが一緒に歌い踊り、夜になると眠りについた。

以前、運動会で使用した〝お神輿《みこし》〟の台が倉庫にあったのを思い出し、降園後、実習生と二人がかりで、段ボール箱の〝がえるみこし〟製作にとりかかった。三個の箱には、赤・黄・青の三色の色画用紙を貼りつけ、最後には屋根も作る予定だ。明日は子ども達が好きな絵や模様を描いたり、シールやテープを貼るようにしよう。

「屋根はグッと派手っぽく、金色や銀色の手形スタンプはどうですか?」と実習生がアイデアを出してくれたので即、採用することにした。

子ども達と実習生、ゆめこせんせいの共同作業で作りあげた三基の〝がえるみこし〟。

その後は〝キリ〟や〝ペンチ〟〝針金〟で土台に固定し、キラキラ屋根をセットして完成のはこびとなった。

6．実習生

今回の実習生（お姉さん先生）は、初めてながら短時間で子ども達と打ちとけ、毎日の実習ノートや日々の反省会でもその姿勢が伝わってきた。子ども達の小さなしぐさやつぶやきをメモし、様子を観察しながら一緒になってよく遊んでいた。日々の反省会のあとに、プライベートな話をしたり映画や音楽、スポーツなど趣味の話をすることもあった。

次の日、毎朝一番のりで登園してくるジュン君が歓声をあげた。

「わーせんせい、おみこし、カッコイイ」

次々と部屋に入ってきた子ども達も着がえの前に色とりどりのおみこしの回り

に集まり、さわったり見まわしたり……。

「今日は、あとから、かえる祭りで、おみこし競争するよ」の声に、「ヤッター!!」と、体中で喜びを表現している。

数人の子ども達と一緒に三基のおみこしを遊戯室に運び込んだあとは、梅雨の合間の貴重な晴天の日、園庭での遊びをゆったりと楽しんだ。

さあ、いよいよ〝ゲロロン山のつぼみ池のかえるっ子祭り〟のはじまりはじまり――。

はだしになってかえるのお面をつけ、全員が遊戯室に移動する。

子ども達の座る場所は、あらかじめカラーテープを貼っておいたのでさほど混乱することなく落ちついていた。

その時、実習生との打ち合わせ通り、突然シンバルを〝ジャーン〟と鳴らし、次に大太鼓を〝ドーン〟と鳴らしたので子ども達はびっくり仰天!

ピアノに合わせて歌ったり、跳んだりはねたりのスタートをきった。

以前作ったビニール風船も、広い遊戯室の中で飛ばして遊んだり、お姉さん先生チームと、ゆめこせんせいチームに分かれて、『♪かえるのうた♪』を輪唱したり、おみこし競争は三チームに分かれ、前後二人ずつのペアになり、安全性を考え、リレー形式ではなく、一回ずつの対抗とし、自分達の前の三角コーンを回ってくることにした。

一生けんめい走る子どもと、応援する子ども達、実習生もゆめこせんせいも汗だくになりながら、最後は〝ケロケロ音頭〟を踊ってお祭りは幕を閉じた。

実習最後の日の帰り際、彼女がこんなお便りを手渡してくれた。

ゆめこせんせいへ

二週間お世話になり、ありがとうございました。

初めての実習で、何をどう学べばいいのかわからないまま失敗も多く、迷惑をかけてすみませんでした。

ゆめこせんせいの保育を見ていて勉強になったことは、アレンジや工夫の大切さでした。子ども達の意見や興味を尊重した上で、教師がいかにおもしろく、楽しく活動できるかを考えるということです。

私が実際子ども達の前に立ち保育してみると、思っていた以上に緊張し戸惑い、難しいものでした。

もう一つは小さい子どもでも様々な性格があり、その性格を上手く理解しながら言葉をかけたり手助けをしてあげることの大切さです。

私ははじめとても不安でしたが、皆とっても仲良くしてくれて疲れ以上に楽しさを味わうことができました。

子ども達は素朴な遊びを精一杯「無我夢中」になって遊んでいました。

たった二週間だったけれど、先生や子ども達とお別れするのはとても辛いです。

先生はとてもおもしろく、ザックバランで大好きです。これからもそんな先生でいて下さい。コンサートやカラオケもいっぱい行って下さい。

色々な話ができて、とても嬉しかったです。

私も私らしくこれから生きていきたいと思い、まずは勉強がんばります。

先生と歌って踊ったことなど、この二週間を忘れません。楽しく充実した実習をありがとうございました。

7．ドロンコ

七月は、子ども達が大好きな水の季節。プールだけでなく、しゃぼん玉や水鉄砲、手作り金魚すくいなど興味をそそる遊びが目白押しだ。

とりわけ男児が好きなのは、砂場や土山でのドロンコ遊び。

以前は、はだか・はだし保育という名の保育が流行した時期もあったが、阪神淡路の震災後は、園でもより安全性が重視され、室内でもリズム遊びなどの時以外は上靴をはくように決められ、今に至っている。

ドロンコは砂場と土山の二ヵ所に分かれ、砂と土の性質の違いを利用した遊びが自然に発生している。

三才や四才の子ども達は、土や砂に〝触れる〟ことを第一に楽しんでいるが、年長児になると遊びが飛躍的に高度になっていくのにいつも驚かされる。

そんな様子を見ると〝子どもってスゴイ！　遊びは学び・学習やなあ〟と思う。五感をフルに使い、刺激を受け、考えることを土や砂からも教わっているのがわかる。

ある日、土山で、あんまり楽しそうに遊んでいるので、ゆめこせんせいも〝はだし〟になって仲間入りし、一緒に池作りやおだんご作りをしていて、スッと立ち上がった瞬間バランスをくずし、ズルッドカ〜ンと、ドロドロの土山の下に〝しりもち〟をついてしまった。子ども達は、一瞬〝目が点〟になりながらも、

「ゆめこせんせいが、ドロンコ〜」

と言いながらケタケタと笑っている。

「あ〜ぁ、やってしまった……」

と思いながら、

「先生着がえてくるから気をつけて遊んでてね」

と言い残し、近くにいた先生に声をかけ、手足を洗い、大あわてで着がえに戻り、下着からTシャツ・ズボンに至るまで一式交換となってしまった……。

8. こんだん会

入園後三ヵ月が経過した頃に、一人ひとりの子ども達の様子や成長を確認しあうための個人懇談が行われる。

その都度必要な時に、保護者には個々に声かけをしたり、されたりしているが、ゆっくりと向き合って話をする大切な時間でもある。

今日は、ケイタ君のお母さんからだった。

「先生、ケイタは未熟児で生まれ、赤ちゃんの時からホント成長がゆっくりゆっくりで、また何をするにも時間がかかるので、他のお友達と一緒にやっていけるのか、言葉も遅くてものすごく心配したんです」

ケイタ君には中学生のお兄ちゃんと五年生のお姉ちゃんがいる。

話を聞いていると、ケイタ君は家族みんなから大切にされているのがわかり、〝ちょっとした我が家のアイドル〟的存在に思えた。

「そしたら入園した途端、園で歌ったうたや教えてもらった手遊びや踊り、その日あったことや先生の話、次から次へと歌うわ踊るわ、しゃべるしゃべる。ご近所でも〝おとなしい子〟で通ってたのに、やっぱり親のＤＮＡと先生の影響も大きいと思いますワ」

そして、

「先生この前、土山でひっくり返りはったんですよね。朝とおむかえの時の服が違ってたんでケイタに聞いたら、待ってました……とばかり話してくれて、家中で大笑いしましたワ」

「お恥ずかしい限りです……」やはり伝わっていたか……。

「だから毎日夕飯の時には、ケイタの話を家中で聞いて楽しむのが日課になって、お父さんも喜んでいます」

こんな話（エピソード）を聞かされると、つい涙腺がゆるんでウルウルとなってしまう。

次の日はジュン君のお母さんと話をした。

ジュン君のお父さんは、ほぼ単身赴任状態で毎週金曜の夜に帰宅し、土、日を家族と過ごす日々が二年近く続いているらしい。

お父さんは、毎回、子どもの好きなオモチャやお菓子を買って帰るそうだが、何かジュン君が自分の気に入らないことを言ったりしたりすると、すぐに手が出てしまう。

母親からすると〝何もそれくらいで……〟と思う時にも、お父さんは自分の気持ちを抑えきれずに、子どもに向いてしまうのだ。

ジュン君の両親は二人共、幼い頃から父親の暴力を受けて育ったという苦い共通点があった。父親とはそんなもの……と思いながら子育てをしてきたところもある。

ただ救いは、お母さんがジュン君にやさしく寄り添ってやっていることだ。ジュン君には一才になる妹がいて、お母さんは、育児の大変さのまっただ中でもある。

お母さんはジュン君が他の子に手をだしたり、乱暴なことをしていないか心配していたが、今までに目立ったトラブルはなかった。

彼が小さな胸を痛め、痛い目にも遭っていることを思うと、可哀相でならなかった。

〝私は彼に何をしてあげられるのだろう〟とゆめこせんせいは思った。

日曜日になると決まって、夫婦ゲンカをしてしまうのだそうだ。

ゆめこせんせいは目をつぶってその様子を思い浮かべた。

「お母さん、お父さんもきっと寂しいんやわ。家族と離れて仕事して、自分が三人を守ってやらなあかん！　と精一杯ガンバッてるのと違うかなぁ。男は強い者と言うけど、本当に強いのは女やよ。だって、子どもを産むんやから。お母さんも今、育児と子育てで大変やろけど、グッとこらえて、お父さんが帰ってきたら、子どもと同じように〝ヨシヨシ〟ってしてあげ！　大きい子どもが帰ってきたと思って、〝お帰り～〟って言うて、ギューって、ハグしたげ……」

ジュン君のお母さんは、目を丸くして、ゆめこせんせいを見つめ、

「先生、そんな……」

「男の人って、外見はエラそうなフリしてても、みんな弱い面持ってるし、その弱みを見せられるのは結婚したら奥さんの前しかないやん。一ぺんダマされたと思って、演技してみてみ……」

追いうちをかけるように続けた。

「母は強しって昔から言うやろ。男はいくつになっても父親になっても、甘えたいんよ、私はそう思うワ。女や妻も大事やけど、家族三人の母になる!!　と思って、ちょっとがんばってみ。様子をうかがって、タマにはお母さんもお父さんに

ワザと甘えたらいいやん」と。

ジュン君の家族も、ケイタ君の家族みたいに笑い声があふれますように——と願わずにはおれなかった。

9. 夏の夜祭り

夏休みに入り七月最後の土曜日は、夕方から名物の〝すみれ夏の夜祭り〟が開催される。

保護者の協力を得て、園庭と中庭ではクラスごとに夜店が並び、子ども主体にチケット制で家族単位で参加する。

他にチケットをもらえるのは小学三年生までの兄弟姉妹に限定し、大きい子はこの日に限り、園児や弟・妹達のサポート役になってもらう。

準備もできるだけ簡単に、園や家庭にある物を最大限利用して、互いの負担を少なくするように考えられている。

親同士がこの催しを通して仲良くなったり、家族ぐるみでつきあうきっかけとなることも多い。

その日の朝から委員さん、有志のお父さんやおじいちゃん達までが総出で店の準備や、雰囲気を盛りあげる飾りの〝ちょうちんつけ〟を手伝って下さった。

子ども達はそれぞれ早いめの夕食を済ませ、夕方から家族と一緒に水筒持参でやってくる。

服装は自由なので、浴衣を着せてもらってくる子も多い。

園の中は人でごった返しになるが、どの子も自然にうれしそうに顔がほころんでいる。

一定時間お店で楽しんだあとは全員が園庭に集まり、音楽に合わせて好きな場所で恒例の〝すみれ音頭〟を踊り出す。

あまり細かい指示など出さず、人とぶつからなければＯＫ！　ということで、一見バラバラぐちゃぐちゃに見えるが、ほぼ家族単位で固まって、この時は園児やおけいこをしたお母さん達が中心になって、踊りの輪を広げてくれる。

ゆめこせんせいは歌や踊りが大好きなので振りつけを考えたり、この時の進行役に抜てきされ、場の盛りあげ役になっていた。

そしてエンディングは、有志のお父さん達による打ち上げ花火だ。

幼い子の中には初めて打ち上げを見る子も多く、毎年歓声があがる。

家族だけではできないことも、こうして皆で集まれば、子ども達を楽しませ、喜ばせてあげることができる。

今回、ゆめこせんせいにとってうれしい出来事があった。

それは、お母さんが入院中のカヨちゃんのお父さんと週末に帰ってくるジュン君のお父さんが、自発的にお手伝いを申し出てくれたのである。

二人は他のお手伝いの人達にまじって、午前中の〝ちょうちん取り付け作業〟を黙々としてくれていた。

ゆめこせんせいは、若い子育て中の母親や父親を見るとつい〝ガンバッテ!〟

と心の中で叫んでしまう。

そして我が子の成長を見守りながら子どもと一緒に遊び、子育てを楽しんでほしいと願う。

作業を終え、帰りがけのジュン君パパに声をかけた。

「おつかれ様～、お手伝いありがとうね。お父さん、お母さんと仲良くいってる？週末は家族で、ラブラブ仲良くしてね……」

と言うと、照れくさそうに、ジュン君とそっくりの笑顔を返しながら、会釈をして帰っていった。

料金受取人払郵便

新宿支店承認

1138

差出有効期間
平成26年4月
30日まで
（切手不要）

郵便はがき

160-8791

843

東京都新宿区新宿1－10－1

（株）文芸社

愛読者カード係 行

ふりがな お名前		明治 大正 昭和 平成 年生 歳			
ふりがな ご住所	□□□-□□□□	性別 男・女			
お電話 番号	（書籍ご注文の際に必要です）	ご職業			
E-mail					
書名					
お買上 書店	都道 府県	市区 郡	書店名		書店
			ご購入日	年 月 日	

本書をお買い求めになった動機は?

1. 書店店頭で見て　2. 知人にすすめられて　3. ホームページを見て

4. 広告、記事（新聞、雑誌、ポスター等）を見て（新聞、雑誌名　　　　）

上の質問に 1. と答えられた方でご購入の決め手となったのは?

1. タイトル　2. 著者　3. 内容　4. カバーデザイン　5. 帯　6. その他（　　　　）

ご購読雑誌（複数可）	ご購読新聞 新聞

文芸社の本をお買い求めいただき誠にありがとうございます。
この愛読者カードは今後の小社出版の企画等に役立たせていただきます。

本書についてのご意見、ご感想をお聞かせください。
①内容について

②カバー、タイトル、帯について

弊社、及び弊社刊行物に対するご意見、ご感想をお聞かせください。

最近読んでおもしろかった本やこれから読んでみたい本をお教えください。

今後、とりあげてほしいテーマや最近興味を持ったニュースをお教えください。

ご自分の研究成果や経験、お考え等を出版してみたいというお気持ちはありますか。

ある　　ない　　内容・テーマ（　　　　　　　　　　）

出版についてのご相談（ご質問等）を希望されますか。

する　　しない

ご協力ありがとうございました。
※お寄せいただいたご意見、ご感想は新聞広告等で匿名にて使わせていただくことがあります。
※お客様の個人情報は、小社からの連絡のみに使用します。社外に提供することは一切ありません。

秋

10. ゆめことみどり

九月になってもまだまだ蒸し暑い日が続き、少々バテ気味のゆめこせんせいだったが、幼い子ども達のパワーは衰えを知らない。

園の環境や、先生、友達にも慣れ、それぞれが自己主張できるようにもなってきている。

十月の運動会を見すえたかけっこや集団遊びなど、体育的な活動が中心の保育があれこれ展開していくが、園庭で年長児が取り組むリレーや、綱とり、なわとびなどに、あこがれと興味を抱きながら、年長になれば自分達も!! という思いを持って、楽しそうに見ている姿も印象的だ。

運動会も練習というと、子ども達もやらせられるという受身の気持ちになるが、日頃のうんどう遊びの延長、つみ重ねの発表の日ととらえると、先生達の気持ちの負担も軽くなり、結果、子ども達ものびのびと体を動かすことができる。

今年度、年中のもうひとつのクラスわかば組の担任は、学校を出たばかりのみどり先生である。

夏休み中に、年中の運動会の計画と相談をした時には、

「つぼみのゆめこもイケてると思うけど、わかば組のみどり先生……なんて名前、ちょっとデキすぎとちがう？」

「私もクラスの名前を園長先生から聞いた時、一瞬〝えっ〟て思いましたワ。〝わかば・みどり〟なんて、どこかで聞いたようなネーミングで、何か笑ってしまいました……」

と言いながら、二人で、ギャハハと大笑いしてしまった。

彼女は若さもさることながら、色白でスタイルも良く、しゃべり方もおっとり

としていて、ゆめこ先生とは全て対照的だ。

親子ほど年の離れた担任二人だが、クラスの子ども達も対照的で、わかば組の子ども達は園生活を一年経験していて、みどり先生の方が新参者である。

四月、五月頃は、担任（みどり先生）の方が、緊張していたようにも見えたが、すみれ祭りの頃になるとすっかり担任としての落ちつきが見られれ、二クラス合同でゲームやリズム遊びも定期的に行い、その時にはゆめこせんせいがリーダーになり、みどり先生はサブに回り先輩の保育を見聞きしながら、明日の保育に生かせるよう配慮されていた。この時期子ども達は一段と成長の跡を見せてくれる。

11．地域散歩

すみれ園から見える通称〝どんぐり山〟の緑も少しずつ紅葉の兆しを見せはじめている。

運動会もケガや事故などもなく無事に終えることができ、昨日は年中組の〝地域お散歩デー〟だった。

おにぎりと水筒持参で山のふもとの原っぱまでのコースで、片道一時間程度を要する。

途中、子ども達は五感を使って秋の自然を見つけ出す。草や実や、葉など拾いながらゆっくりと時間を費やして。

すみれ園周辺の地域はマンションを含めた住宅地であるが、山に向かっていくあたりは一部、田んぼや畑、草むらなどの自然が所どころに残されている。

途中で「せんせい、あれは何？」とトモちゃんが指さす先を見ると、赤い実がたれさがっていた。

今日は担任二人と、研修中の男性保育士のコウジ先生が付き添っている。

「からすうりやワ」とゆめこせんせいが言うが早いか、コウジ先生が草をかき分け、持ってきていた花バサミで最大限に腕を伸ばして、枝を切って持ってきてくれた。

色あざやかな〝オレンジ色のからすうり〟。

若い二人の先生も、そして子ども達も初めて見るという〝からすうり〟だった。

「♪まっ赤だなまっ赤だな♪からすうりってまっ赤だな♪とんぼのせなかもまっ赤だな……♪」と、ゆめこせんせいが、周りを気にすることなく歌いはじめると、一瞬シーンとなって幼い目が〝からすうり〟に集中している。

〝すすき〟もコウジ先生に切ってもらい、持ち帰ってそれぞれのクラスに飾ることにした。

〝おなもみ〟はちょっと痛いけれど、体操服にくっつけてワッペンにしたり、〝じゅずだま〟を小さな指でちぎっては袋に入れ、後日先生達で針で実に糸を通し、くびかざりを作るようにした。

皆で拾い集めたさまざまな形の落葉は、明日、紙の上で見立て遊びに使おうと、自然に案《アイデア》がうかんでくる。

どんぐり山のふもとの原っぱには、その名の通り〝こなら〟や〝しらかし〟〝まてばしい〟といったどんぐりの実があちこちにコロコロ落ちていて、誰かが見つけると一目散にどんぐり目がけて走り寄り、しゃがみ込んでどんぐり拾いが始まっている。

先生達が何も言わなくても秋の自然が子ども達を招き入れ、受けとめ、遊んでくれる。

そして、外で食べる具（おかず）入りのおにぎりの味も格別だ。どんぐりを使ってどんな遊びをしよう？　どんなものを作ろう？　など考えるのも楽しい。

お弁当タイムが終了すると、帰りは、違うルートで園に向かう。狭くて細いあぜ道ではあるが、秋の草花が姿を見せてくれるとっておきの場所があるのだ。

先生達は、ポケットにミニずかんを入れて、名前を確かめながら、花さがしをしていく。

〝よめな〟〝つりがねにんじん〟〝あきののげし〟〝せいたかあわだちそう〟〝いぬたで〟などなど。

名前を覚えさせることはないが、今こんな草花が咲いてるよ……ということを見せてあげたい。

田植えの頃に見学散歩をした田んぼの稲がたわわに実をつけ、そろって頭《こうべ》をたれていた。

「せんせ、きれいやね……」ポツンとつぶやいたミッちゃんの頭の上を〝もんきちょう〟がチラチラ飛んでいた。

12. 行事あれこれ

園の生活の中では、季節ごとに行事をとらえながらいろいろな取り組みがされている。

小学生になる前の幼児の生活にとって、皆で一緒に体験するさまざまな行事の継承は、核家族が大半を占める現代では幼稚園や保育園がその役割を担っているといっても過言ではない。

若い親達が逆に子どもを通して、伝統行事を再確認することもめずらしくはない。

すみれ園では特に昔から伝えられている行事を大切にしてきている。

お正月に向けて、冬休み前に行う　★おもちつき

昔ながらの、★かるた　★すごろく　★こま回し　などのお正月遊び（年齢により内容が違う）

★豆まき　★ひな祭り　★端午の節句　★七夕　★花火　★お月見

最近では、楽しいイベントとしての、★ハロウィン・パーティーや以前からの★Xマスなどなど

〝温故知新〟

いつの時代になっても若い世代の教師や親、子ども達に引き継いでいくのがゆめこ世代の責務でもあると彼女は思っている。

それら伝統行事と共に行われているのが、ごっこ遊びや製作展、音楽会や劇あそびなどであり、一年をたどっていくと、幼児期の教育の多面性や多様性がそこここに集約されている。

一人ひとりの子ども達が、いつ、いかなる時、どんなことに興味や関心を持ち

心をゆさぶられ、楽しみ、自らの生きる力の源としていくのかは、どの子も一人ずつ皆違うはずだが、どんな些細なことにも不思議がったり、おもしろがったりする気持ちや心を育てていってほしいとゆめこせんせいはそんな思いを子ども達に託している。

よく言われてきたことだが、行事に振り回されるのではなく逆にうまく取り入れた保育を組み立てていきながら、より子ども達の成長や発達を促していくという責任を担任として請け負っているのである。

子ども達のありのままの姿や言葉や行動を前にして、試行錯誤をくり返しながら、教師もまた成長進化していかなければならない。

13．ガブリ……

ごっこ遊びが終了し、十一月も終わりに近づいたある日のお弁当の時間だった。

いつものようにゆめこせんせいは子ども達のグループのテーブルで、一緒にオシャベリをしながら食べていた。

♪おべんとおべんとうれしいな～♪

「いただきます」の食前挨拶を済ませると、喜んでお弁当を広げる子ども達。

入園当初はなかなかうまく〝おはし〟が使えなかった子も〝ニギリばし〟から普通に自然に指づかいができるようになっている。

食べる量や速度は個人差があるので、食べ終われば各自で「ごちそうさま」をして、空になったお弁当箱を一緒に食べている友達に残していないか見せた後、担任が確認するようにしていた。

　その日の体調や好き嫌いなど考慮しつつ、できる限り残さずに食べるようにするため〝クラスだより〟などで、「自分の子どもの食べられる分量を入れて下さい」と呼びかけている。

　その後はカバンの中にお弁当箱をしまい、部屋の前の手洗い場で歯みがきをするのが習慣になっている。

　多少の時間差はあるものの、年中二クラスが一緒に使うので混雑することも多い。

　その日も一番端の水道の前で歯みがきをしている子の横に二人の子が並んで待っていた。

　ゆめこせんせいもその様子は視界に入っていたが、次の瞬間、うしろに並んでいたユウ君が前にいたオサム君の腕をつかんだと思うやいなや〝ガブリ!!〟とかぶりついた。

〝ギャー〟という声があたりに響きわたり、ゆめこせんせいはアッという間の一部始終を目のあたりにして、すぐさま二人の所へスッ飛んでいった。

オサム君の腕にはユウ君の歯形がくっきりとついている。

「ユウ君！　せんせい見てたよ、オサム君何もしてなかったやん、何でガブッてかんだりしたん？」

少し間をおき、

「何かな……急にかみたくなってん……」とユウ君はつぶやいた。

それだけを聞くと、すぐに泣いているオサム君を保健室へと連れていき、保健室のナカノ先生に消毒と冷湿布をしてもらい、気持ちが落ちつくまでベッドにゆっくり横にならせてナカノ先生に付き添ってもらった。

保育室に戻ると、ユウ君はテーブルの所で絵本を広げていた。

ゆめこせんせいはユウ君を呼び、

「さっきは〝がみたくなった〟って言うたけど、オサム君がユウ君に何か言いやったん？　それとも何か先にしやったん？」

と詰め寄ったが、

「ううん、何もない……なんか、かみたくなっただけ……」

とうつむき加減に同じ言葉をくり返した。

保健室から、ナカノ先生に手を引かれてオサム君が戻ってきたので、二人の手を握りながら、

「オサム君、びっくりしたねぇ。痛かったやろ。オサム君は何もしてないのに、ユウ君がガブッてかんだの先生はちゃんと見てたからね。さぁ、ユウ君、オサム君に何て言ったらいい？」

「ゴ・メ・ン・ナ・サ・イ……」

「オサムくんどうする？」

「イ・イ・ヨ……」と消え入るような声で返事をした。

ゆめこせんせいは、まだ歯形のうっすら残っているオサム君の腕をユウ君に見せた。

「何にもしてない子に、こんな痛いことするのはどう？」

「アカンと思う」

「でもそのアカンこと、ユウ君はオサム君にしたんやで……」

「もう一回せんせいと一緒にごめんなさいしよう」

二回目のゴメンナサイに、オサム君は、はっきりと、「もうイイヨ」と言ってくれ、ゆめこせんせいは、二人一緒にひざの上にのせ、ぎゅ～と抱きしめた。

おむかえの時間になり全員を送り出した後、ゆめこせんせいは二人の母親を保育室に呼び入れ、事実をありのままに伝え、ほとんど歯形の見えなくなったオサム君の腕を見せた。でも時間が経つと紫色になるかもしれないということもつけ加えて。

それを聞いた途端、ユウ君のお母さんは、

「すいません、すいませんでした。ごめんなさいね。申し訳ありません」

と、ひたすらオサム君とお母さんに何度も頭を下げ続けた。

「私もごめんなさいね。話したように、見ていたけどまさか……間に合わなかった……」

とゆめこせんせいも言葉を続けた。

オサム君のお母さんは、全て話を聞いた後、

「この子もケロッとしてるし、消毒や湿布もしてもらって跡もうっすらやし、いいですよ、わかりました。ウチの子は一人っ子で、家ではそんな経験することないから痛いことも知って良かったかわかりませんワ」

と言ってくれた。

何の非もない我が子と相手の友達に対して、こんな受け止め方をして人を許すことができる、オサム君のお母さんに頭の下がる思いがした。

二組の母と子は手をつなぎながら、同じ方向にむかって帰っていった。

次の日、ユウ君の母親から一度話を聞いてほしいとの電話を受け、時間のとれる二日後に話をする約束をした。

約束の時間のＰＭ三時きっかりにユウ君ママを応接室に案内し、温かいお茶を出した。

「まだまだ育児の方も大変でしょう」

と声をかけると、

「この前は本当にすいませんでした。原因はみんな私にあるんです」

と、ユウ君ママは、泣きそうな顔で真正面からゆめこせんせいを見ながら話しはじめた。

「私、家ではユウに毎日つらくあたってばっかりしてるんです……」

ユウ君ママは、ユウ君の入園前の二月に、男児を出産していた。

その子は夜泣きがひどく、一、二時間おきには泣き出し、一回に飲んでくれる母乳の量（時間）もユウ君の時と比べても少ないらしい。

ゆめこせんせいも自分の産後を思い出しながら話に耳を傾けた。

ご主人の親も遠く頼りがたいので、産後は実家にユウ君共々一ヵ月間世話になり、入園の一ヵ月前からはその都度、片道一時間以上かけて実家の母親が来てくれているらしい。

「できるだけ自分でがんばろう！　と思ったんやけど、なんかしんどくなってしまって……」

マンション住まいで、夜泣きの声で周りの家庭に迷惑がかかってないか、ご主人も眠れないので仕事に影響しないか……などいろんなことを一人で悩み、考えてしまっていた。

「何をするにも気が重くなって急に涙が止まらなくなったり、気がついたら私、ユウにキツイ言葉で言うたりあの子をはけ口にしてた気がするんです。あの子も家では黙っていても、そのストレスをお友達に向けたんやと思います。だから……」

と言って、静かに涙をうかべていた。

一瞬、「マタニティーブルー」という言葉が頭をよぎる。

「よーくわかりました。どちらかというと、ユウ君は暴れん坊でもヤンチャでもないし、おとなしい方やから私も、イタズラ心でかんだとは思われへんかってんワ。何かあるんやないかとは思ったんやけど、やっぱりそんな原因があってんやね」

「ユウも園にいる時は楽しい時間を過ごしてるみたいで、それだけがあの子の救いになってる気がしてます。だから先生から話を聞いた時、やっぱり……ってすぐにわかったんです」

ユウ君ママの〝ごめんなさい〟はオサム君親子に対してだけでなく、ユウ君にも向けられていた言葉でもあったのだ。

「えらいね、ようがんばってきたワ。それに今日話しに来てくれてホントに良かったと思うワ」

と、向かい合って座り話を聞いていたが、母親の横に座り直し、両手でかすかに震えている彼女の手を包み込んだ。

まだまだ幼い子ども達だが、それぞれの家庭の事情を小さな肩に背負いながら毎日園に通ってきていることを、ゆめこせんせいは改めて考える機会になった。

友達とのトラブルを含め集団生活の中にはいろんな出来事が起こるが、その日その日、三十人の子ども達が〝今日は楽しかった。明日も園に行きたい〟という思いを持って帰れるよう送り出さねばならないと、ひしひしと自分の担っている責任の重さを感じたのだった。

「お母さん、私も園にいる間はいつもクラスの子ども達の母親気分で保育してるねんけど、少しでもユウ君の気持ちが軽くなるよう楽しい時間になるようガンバルね」

と言いながらユウ君ママの肩をトントンすると、彼女は自然にゆめこせんせいにもたれかかってきた。

二人は無言でソファーにもたれ、まるで娘が母親に甘えるかのように寄り添いながら、一、二分の無言の時間を過ごし、気をとり直し、「私も先生に話せてよかった……」とひかえ目に言ってくれた。

その時ゆめこせんせいは、

「ゆめこ語録を一つ……★ストレスためるな、仕事もためるな。貯めていいのはお金だけ★　ホイサッサ」

「いやぁ～おもしろ、せんせい、その言葉いいですね。私は全く逆やけど……」

と言いながらユウ君ママの笑顔がこぼれた。

「今はみんな核家族があたり前で、なかなか近くに何でも相談できるような人がおれへんのが現実やから、まぁ近くにいる私を育児の先輩として大いに利用してやってちょうだい。何かストレス感じたらいつでもいらっしゃいね。時間は何とでもするから」

と言うと、大きくうなずき、深々と頭を下げてユウ君とベビーのもとへと帰っていった。

冬

14. 音楽会

十二月の二大イベントとしてすみれ園では「♪音楽会」と「もちつき大会」がある。

音楽会も四月からの音楽活動（保育）のまとめとして考えているので、特に特訓的なことは一切しない。

「おもちつき」は、今や過去の遺物となった「うす」と「きね」を使って、地域の人達にも参加の輪を広げ、家庭ではできない、味わえない体験をする日、日本の伝統を伝える日と位置づけられている。

「歌」は、毎日の保育の中で欠かすことのできない園生活のベースであり、〝ずず〟〝カスタネット〟〝ダンバリン〟といった打楽器は一学期からその都度慣れ親しんできているが、音楽会では、〝太鼓〟や〝ジンバル〟〝トライアングル〟といった楽器が新たに加わり、「みんなでするって楽しいな……」という思いを一人ひとりの子ども達が感じてくれれば大成功！　というわけである。

今年、つぼみ組の発表曲は、

★サンタさん、夏には何をしてたの？　と話しかける年中の子ども達にピッタリの歌詞の①「♪ねえ、サンタクロースのおじいさん」

★秋の地域散歩で見つけた〝からすうり〟の歌詞の入った②「♪真赤《まっか》な秋」

★誰もが一緒に口ずさめる合奏曲として③「♪ミッキーマウス・マーチ」

を選曲した。

ひと通り全員がどの楽器にも触れ、音楽会の三日前に希望の楽器を選ばせる。数に限りがあるため、多数の時はジャンケンで決めた。

何といっても子ども達を喜ばせたのは、前日ミッキーとミニーの着ぐるみ（中は、コウジ先生とナカノ先生）が保育室を訪れ、つぼみ組の子ども達を激励してくれたことである。

「明日もみんなが一生けんめい合奏できるようミッキーとミニーが応援に来てくれるって言ってるよ!!」

と言うと、

「ヤッター、ぼく明日がんばる!!」

「私も!!」

と、喜んで手をたたいたり、ガッツポーズをとる子もいた。

本番当日、つぼみ組の子ども達は、今までいちばん生き生きとした表情で、歌と合奏を披露した。

遊戯室の舞台そでには、ミッキーとミニーが、曲に合わせて踊ったり、手拍子で盛りあげてくれ、聴衆も一緒になって、音楽を楽しむことができ、終了後、ゆめこせんせいは、全員順番に〝高い高い〟をしてしまっていた。

せんせいなりの歓びの体現だったと思う。
その後、二、三日は、二の腕をあげるのが痛そうだったが……

15. 奇跡と別れ

新しい年をむかえ、気分も新たに三学期へと突入した。

各家庭では親世代もゲームと共に育ってきているからか、昔ながらのお正月あそびといえども、なじみが薄くなっている。それでも園ではあえて〝すごろく〟や〝福わらい〟〝こま〟〝カードゲーム〟などを各年齢に応じて取り入れている。

教材用や手作りしたものなどさまざまであるが、子どもにとっては目新しいのか年中は〝手まわしごま〟で友達と時間の競争などしてけっこう楽しんでいる感じがする。

そんなある日の朝、カヨちゃんを送ってきたおばあちゃんが息せき切ってゆめこせんせいの所へととんで来た。

「せんせい……昨晩、嫁の意識が戻った……んです」

「えー、本当!!」

と言ったかと思うと、二人して手をとり合い、無言で何度もその場でとび上がった。

「詳しいことは今、病院に行ってる息子が帰ってからしかわからんのですけど、先《さき》に先生に報告せなあかん！　思って……」

「うれしい報告ありがとう。良かったね、またこれからやね」

と返事しながらゆめこせんせいは、何か内からわきあがる熱いものを感じていた。
四、五日後のおむかえの時、またカヨちゃんをおじいちゃんに任せておばあちゃんが報告に来てくれた。
キ・セ・キだったらしい。やっぱり奇跡って起こるのだ。医師もあきらめかけていた頃に、カヨちゃんのお母さんは目覚めることができた。

お腹の赤ちゃんは悲しい結果だったけれど、お母さんは自分の命を自らつなぎ止め、生還した。しかしこれからがイバラの道で数々のリハビリを経て、日常生活ができるようになるまで、大変な試練が待ち受けていることだろう。

今の病院は入院できる期間が限られていることもあり、双方の祖父母とお父さん、医師との協議の結果、お母さんの実家のある県立病院に転院することになったそうだ。

目覚めの後も意識や記憶はもうろうとしているし、まだまだ言葉もはっきり話せないらしいが、カヨちゃんのことを母親として気にかけていたのだろう。「カ・ヨ」と一日に何度も名前を呼び、昨日初めてお母さんとカヨちゃんの面会が叶ったらしい。

長い間の離ればなれだった時間と日々。

二人は、無言でずっと手を握っていたそうだ。

お母さんの目からは、すーっと涙がとまることなく流れ、カヨちゃんは自分のハンカチでお母さんの涙をふいてあげ、ずっとお母さんの顔を見つめていたという。

幼いカヨちゃんはどんな思いで母の涙をふき、母の顔を見つめていたのだろう。

「先生それでね、向こうの病院に移るのが来週の土曜日に決まったんです。その時カヨも連れて私らも行くんですけど、嫁のそばにカヨをおいてやりたいんです。向こうのお母さんも娘と孫の面倒を見る覚悟を決めたはるし、息子も週末は会いに行くと言うてるんです。せめてつぼみ組が終わるまで……と思ったんですけど、来週の金曜日でカヨもすみれ園をやめさせてもらいたいんです」

わずかばかり沈黙の時間が、おばあちゃんとゆめこせんせいの間を流れた。

「お母さんとカヨちゃんのためやよね。回復にはカヨちゃんの力（存在）が絶対必要やもんね……」

と、ゆめこせんせいは自分に言い聞かせるようにつぶやいた。

「お母さんまだまだ若いし、絶対元気になりはると思うよ。また元気になって大阪へ帰ってきはるって!!……〝私も待ってるからね〟って言っといて下さいね」と言うと、おばあちゃんは黙って〝ウンウン〟とうなずき、深々と頭を下げられた。

そうして次の週の金曜日、子ども達には引っ越しのためと伝え、〝カヨちゃんとつぼみ組の子ども達のお別れ会〟を開くことにした。

入園してから歌ってきたうたや、手遊び、つぼみ組の子ども達の大好きな〝動物狩りゲーム〟〝大型紙芝居〟。お弁当の時は床にマットを敷いて、全員でまあるくなって遠足に行った時のようにして食べた。カヨちゃんへのプレゼントとして、一人ひとりが描いたカヨちゃんの似顔絵に、ゆめこせんせいが、子ども達から聞きとったメッセージを添え、三日前にクラス全員で撮った記念写真を一緒に袋に入れた。

帰り際カヨちゃんは一人ひとりのクラスメートと固い握手をし、ゆめこせんせいは、カヨちゃんを抱きあげて、思いっきり抱きしめた。

「カヨちゃん、元気でね……お母さんを大切にね。すみれ園のお話いっぱい聞かせてあげてね……」

と言うとコックリとうなずき、いつものようにおむかえに来たおじいちゃんとおばあちゃんに両手を引かれてすみれ園を後にした。

外は北風が舞っていた。

16．「どうぞのいす」

年中組としての最後の保育の仕上げは、二月末に行う劇遊びである。

音楽会の時とは違い、保育参観形式でそれぞれのクラスが舞台となる。

当日の午前中は、子ども達と一緒に準備やリハーサルをし、午後からの本番参観という流れだ。

クラスの装飾はタイトルに合わせたものを子ども達の作品を中心に飾りつけ、劇遊びワールドを創りあげていく。

ゆめこせんせいは大人の絵や製作や文字よりも、子どもの作品が好きなので、できる限り〝らしさ〟を強調する。〝つぼみ組らしさ〟〝四才児らしさ〟〝子どもらしさ〞。

年中組は、長いセリフ（言葉）を覚えるのではなく、オペレッタ形式の歌や踊りを取り入れたものとして、

「どうぞのいす」という絵本を取りあげた。

〈あらすじ〉は……、

うさぎさんが作った手作りの〝いす〞を「どうぞのいす■立て看板」と一緒に野原の木の下に置いておくと、ある日ろばさんがやってきて、〝どんぐり〞の入ったかごを〝いす〞の上に置いてグーグー木の下でお昼寝をしてしまいます。

その間に、いろんな動物達がやってきて、

「どうぞなら、えんりょなくいただきましょう」

と、椅子の上のごちそうを順に食べていきます。

「でも、からっぽにしては、あとのひとにおきのどく」

と言って、持っていた〝ハチミツ〟や〝焼きたてパン〟や〝くり〟をまた順に椅子の上に置いて帰ります。

その後、ろばさんが目をさまし、椅子の上の大きなくりを見つけ、

「どんぐりってくりの赤ちゃんだったかな？」

と、首をひねって考えました。


ゆめこせんせいは、「からっぽにしては、あとのひとにおきのどく」という簡単な言葉の中に込められた他を思いやる気持ちに心をひかれ、台本作りに取りかかった。

順に食べ物を置いていくけれど、それは〝やさしい気持ち〟を置いていったことになることをクラスの幼い子ども達に感じてほしかったのである。

そして、最後は、「どうぞのいす」を作ってくれたうさぎさんに対して、動物

達の思いである「やさしい気持ちをありがとう」をセリフに入れ込んだ。

劇あそびに向けて今年の保育活動を思い返しながら〝遊び〟として劇中で使えるものをさがし、また新たに演出や構成上必要な歌や動きを選び出し、お話の中で遊ぶ子ども達の様子を一年のまとめとして保護者に観てもらうよう、毎日の保育を組み立て、進めていった。


ある日のこと、子ども同士で〝どうぞのいすごっこ〟をして遊んでいると、「最低の男やね!!」という言葉がゆめこせんせいの耳にとび込んできた。

一瞬「えっ!!」と思い振り向くと、どうやら何人かで〝どうぞのいす取りゲーム〟を始め、参加していたヤス君がマリちゃんを押して、自分が椅子に座ったらしかった。

その時に、とび出したマリちゃんの「最低の男!!」発言。

ゆめこせんせいは二人を呼び、ヤス君が押すのもルール違反だけれど、「最低の男」なんて言うのはダメとマリちゃんに言うと、「だってママ、いっつも言うてるもん……」とケロッとしている。

早速おむかえの時に、ゆめこせんせいは、マリちゃんママを呼び話を聞いた。マリちゃんのお母さんは十九才でマリちゃんを産み、一才の赤ちゃんもいる二児の若いママである。

素顔も可愛く、服装もどちらかといえばギャルっぽい感じで夏にはホットパンツで送りむかえという現代っ子でもある。

マリちゃんはしっかり者でクラスのリーダー的な存在であり、ハッキリとものを言うタイプでもあり、母親も同じように思ったことは口に出てしまうというところがある似たもの親（母）子であった。

以前マリちゃんから、

「せんせ、せんせいは家に帰ったらただのおばちゃんやんなぁ」

と言われ、

「そうやよ。〝せんせい〟って言われるのはすみれ園の中だけ。家に帰ったらお母さんで、奥さんで、ゆめこおばちゃんやワ」

とこたえたことを思い出した。

今回、事の成り行きを話すと、

「えーせんせ、本当？　私、ダンナとケンカしたら〝アンタって最低の男やね!!〟って言うてるワ。マリはそれを聞いてたんや……」

と驚いた様子に、ゆめこせんせいは続けた。

「子どもは賢いよ。見てなさそうで見てるし、聞いてるし、感じてるよ。だから子どもの前で夫婦ゲンカはしたらアカン!!　犬もくわんケンカは、子どもにかくれてコソッとしなさい!!　特にマリちゃんはしっかりしてるし、お母さんも良い見本を見せたげてほしいワ。若くてきれいねんから、マリちゃんからあこがれられるお母さんになったげてほしいわ」

そう言うと、

「せんせゴメン。マリはまだちっちゃいから何もわからへんと思てた。でもマリはちゃんと聞いとったんやね。私アホな母親ですワ。スンマセン」

とあやまった。

「私にあやまることなんて何もないよ。これからはなんぼ若い言うても親は親やねんから、二人の大事な子どもに親として恥ずかしい姿は見せへんようにしてあげてや」

と母親が我が娘にさとすような感じだった。

そんなやりとりもありながらも子ども達は、日替わりで、「今日は、ロバさんになる」「私はリスがいい」などと言いながら、〝どうぞのいす〟の劇遊びは少しずつまとまっていき、本番までには、いくつかのトラブルやハプニングも起こったが、無事に終わり、終了式をむかえる三月になった。

17．終わりに……

年少、年中は終了式、年長は修了式を前に、各クラスではお母さん達が中心になって「お別れ会」が行われる。

この時ばかりは担任はお客さんになり、進行役も準備も全て委員さんが仕切ってくれる。

今年のつぼみ組は、お菓子作りが趣味のお母さん達何人かが集まって手作りクッキーを焼いてくれ、小さなパックに入ったジュースといっしょにおやつ付きで親子の歌や踊り、親子ひざ取りゲームなどして楽しんだ。

帰り際に、

「先生、子どもと一緒に一人ずつ写真を撮らせてほしいんですけど……」

と言われ、順に一人ずつひざの上にのっけて笑顔の記念撮影会となった。

のちに、二十九枚の写真ファイルとして終了式後に手渡され、そのミニアルバムは今でもゆめこせんせいの宝もののひとつとなっている。

こうしてこの年の〝ゆめこせんせいのつぼみ組〟は幕を閉じた。

つぼみ組の子ども達は年長になると、わかば組と一年保育で入園する子ども達と一緒のクラス替えがあり、新しい友達や新しい担任との出会いが待っている。

ゆめこせんせいの去就は未定だが、年長になったつぼみ達がどんな花を咲かせるか、心の中で楽しみにしている春休みのひとときだった。

end

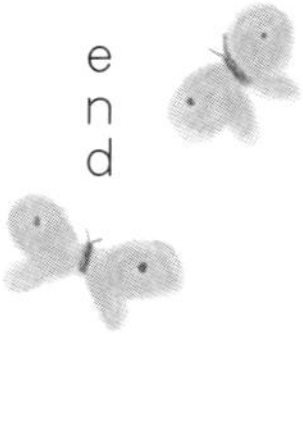

著者プロフィール

花風（かふう）

1953年、大阪府生まれ。
幼稚園教諭として30年余り勤務し、2007年退職。
大阪府在住。

ゆめこせんせいの別冊保育ノート

2012年７月15日　初版第１刷発行

著　者　花風
発行者　瓜谷 綱延
発行所　株式会社文芸社
〒160-0022　東京都新宿区新宿１－10－１
電話　03-5369-3060（編集）
03-5369-2299（販売）

印刷所　広研印刷株式会社

ISBN978-4-286-11951-9　JASRAC 出1205496-201